Koyo ta Amfani da Kuɗin Wasa: Kunshin Ayyuka

Gano manyan lambobi da kuɗin wasa! Kuɗin wasa na jimillar kuɗaɗen wasa masu darajar ¤2,800,992 da za a yanke, domin taimakawa wajen koyon ƙidaya, tarawa, ninkawa da manyan lambobi.

David E. McAdams

AF867541

Da zarar yara sun fahimci abubuwan da kuɗi za su iya yi, sai su so kuɗi sosai! Sha'awarsu ga kuɗi tana taimaka musu su koyi ƙidaya, tarawa, ninkawa da sarrafa manyan lambobi. A cikin littafin nan akwai dabarun amfani da kuɗin wasa domin taimakawa wajen koyon lissafi.

Wannan littafi yana ɗauke da kuɗin wasa na jimillar ¤2,800,992 da za a yanke domin yin koyo da su. Akwai takardun kuɗi na ¤100,000 guda 24, na ¤10,000 guda 24, na ¤5,000 guda 24, na ¤500 guda 24, na ¤100 guda 24, na ¤50 guda 24, na ¤20 guda 36, na ¤10 guda 36, na ¤5 guda 48, da kuma na ¤1 guda 72.

A wannan littafi, ana kiran kuɗin ƙasar da aka ƙirƙira "luma." Alamar luma ita ce ¤.

Ayyukan koyo da kuɗin wasa

1. **Daraja da karanta lambobi.** Nuna wa ɗalibi takardar kuɗi. Tambaya, "Menene darajar wannan takardar kuɗi?"
2. **Nawa ne?** Sanya wasu takardun kuɗi kaɗan a cikin tari. Tambaya, "Nawa ne kuɗin da ke cikin tarin?" Ko kuma, sanya wasu takardun kuɗi a cikin jakar kuɗi sannan ka tambaya, "Nawa ne kuɗin da ke cikin jakar kuɗin?"
3. **Daidaito.** Nuna wa ɗalibai takardar kuɗi mai daraja mafi girma da wasu takardun kuɗi masu ƙaramin daraja. Tambaya, "Takardun kuɗi masu ƙaramin daraja guda nawa ake buƙata domin su kai darajar babbar takardar kuɗin?"
4. **Ninkawa.** Farashin abin wasa kuɗaɗen wasa masu darajar ¤2 ne. Za a sayi ɗaya domin kanka, ɗaya domin ɗan'uwanka, ɗaya kuma domin aboki. Nawa ake buƙata?
5. **Mafi ƙarancin takardun kuɗi**. Sabon dron yana da farashin kuɗaɗen wasa masu darajar ¤123. Wadanne takardun kuɗi za a iya amfani da su domin a biya? Wadanne takardun kuɗi za a yi amfani da su domin a biya da mafi ƙarancin adadin takardu?
6. **Jimilla.** Tara wasu kayan masarufi sannan ka liƙa wa kowane ɗaya takardar da ke nuna farashinsa. Tambaya, "Nawa ne jimillar?" Sa ɗalibin ya nuna takardun kuɗin da zai yi amfani da su domin biyan jimillar.
7. **Zagaye adadi zuwa sama**. Faɗa wa ɗalibin wani adadin kuɗi. Tambaya, "Takardun kuɗi na kuɗaɗen wasa masu darajar ¤10 guda nawa ake buƙata domin biyan wannan adadin?"
8. **Ko kuɗin sun isa?** Give the student some bills. Ask, "Do you have enough to buy a pony for ¤100? How much more do you need?
9. **Gasar kaiwa ¤20**. Ba kowane ɗalibi a cikin rukuni wasu takardun kuɗi masu daraja tsakanin ¤1 da ¤10. Kowane ɗalibi yana sanya takardar kuɗi ɗaya a cikin tari idan lokacinsa ya yi. Idan takardar da ɗalibi ya sanya ta sa jimillar tarin ta zama ¤20, ɗalibin ya yi nasara. Idan takardar ta sa jimillar ta wuce ¤20, ana cire ɗalibin daga wasan sannan a sake fara wasan.
10. **Wanne ya fi daraja?** Nuna wa ɗalibin takardun kuɗi biyu. Tambaya, "Wacce ce ta fi daraja?" Wani lokaci, nuna takardun kuɗi biyu masu daraja iri ɗaya.
11. **Yaƙin kuɗi**. Gauraya takardun kuɗi da yawa. Raba su ga ɗaliban da za su yi wasan. A kowane zagaye, kowane ɗalibi yana ɗaukar takardar kuɗi ɗaya daga saman tarinsa sannan ya sanya ta a tsakiya. Idan takardar kuɗin ɗalibi ɗaya ta fi ta sauran ɗaliban daraja, wannan ɗalibin ya yi nasara a zagayen. Idan ɗalibai fiye da ɗaya suna da takardar kuɗi mafi girma, kowannensu yana ɗaukar takardun kuɗi huɗu daga saman tarinsa. Takarda ta huɗu ce za ta iya yanke hukuncin wanda ya yi nasara a zagayen.
12. **Nemo darajojin takardun kuɗi.** Ba da kacici-kacici kamar haka: Jimillar kuɗin Jill ¤16 ce. Ta biya da takardun kuɗi huɗu. Wadanne takardun kuɗi ta haɗa domin biyan kuɗin?

100000
NOVARA REPUBLIC
FOUNDATION OF HARMONY
100000
NR100458901
PLAY MONEY
100000
ZR100458901
ONE HUNDRED THOUSAND UNITS
100000
100000

NOVARA REPUBLIC
FOUNDATION OF HARMONY
PLAY MONEY
100000
ONE HUNDRED THOUSAND UNITS

100000
NOVARA REPUBLIC
FOUNDATION OF HARMONY
100000
ONE HUNDRED THOUSAND UNITS
100000
100000
NR100458901
PLAY MONEY
100000
100000

100000
NOVARA REPUBLIC
FOUNDATION OF HARMONY
100000
ONE HUNDRED THOUSAND UNITS
100000
100000
NR100458901
PLAY MONEY
100000
100000

100000
NOVARA REPUBLIC
FOUNDATION OF HARMONY
100000
ONE HUNDRED THOUSAND UNITS
100000
100000
NR100458901
PLAY MONEY
100000
100000

100000
NOVARA REPUBLIC
FOUNDATION OF HARMONY
100000
ONE HUNDRED THOUSAND UNITS
100000
100000
NR100458901
PLAY MONEY
100000
100000

100000
NOVARA REPUBLIC
FOUNDATION OF HARMONY
100000
ONE HUNDRED THOUSAND UNITS
100000
100000
NR100458901
PLAY MONEY
100000
100000

100000
NOVARA REPUBLIC
FOUNDATION OF HARMONY
100000
ONE HUNDRED THOUSAND UNITS
100000
100000
NR100458901
PLAY MONEY
100000
100000

100000
NOVARA REPUBLIC
FOUNDATION OF HARMONY
100000
ONE HUNDRED THOUSAND UNITS
100000
100000
NR100458901
PLAY MONEY
100000
100000

100000
NOVARA REPUBLIC
FOUNDATION OF HARMONY
100000
ONE HUNDRED THOUSAND UNITS
100000
100000
NR100458901
PLAY MONEY
100000
100000

100000
NOVARA REPUBLIC
FOUNDATION OF HARMONY
100000
ONE HUNDRED THOUSAND UNITS
100000
100000
NR100458901
PLAY MONEY
100000
100000

100000
NOVARA REPUBLIC
FOUNDATION OF HARMONY
100000
ONE HUNDRED THOUSAND UNITS
100000
100000
NR100458901
PLAY MONEY
100000
100000

100000
NOVARA REPUBLIC
FOUNDATION OF HARMONY
100000
ONE HUNDRED THOUSAND UNITS
100000
100000
NR100458901
PLAY MONEY
100000
100000

100000
NOVARA REPUBLIC
FOUNDATION OF HARMONY
100000
ONE HUNDRED THOUSAND UNITS
100000
100000
NR100458901
PLAY MONEY
100000
100000

10000
NOVARA REPUBLIC
FOUNDATION OF HARMONY
10000
ZR12458901
DIRECTOR OF ISSUANCE
TEN THOUSAND UNITS
THIS NOTE IS FOR PLAY PURPOSES ONLY
NR12458901
PLAY MONEY
10000
MINISTER OF FINANCE

NOVARA REPUBLIC
FOUNDATION OF HARMONY
10000
TEN THOUSAND UNITS
NR12458901
PLAY MONEY
10000

NOVARA REPUBLIC
FOUINDATION OF HARMONY
5000
NR50008901
PLAY MONEY
FIVE THOUSAND UNITS
THIS NOTE IS FOR PLAY PURPOSES ONLY

NOVARA REPUBLIC
FOUNDATION OF HARMONY
PLAY MONEY
5000
FIVE THOUSAND UNITS

NOVARA REPUBLIC
5000
NR50008901
PLAY MONEY
FIVE THOUSAND UNITS

v

NOVARA REPUBLIC
FOUNDATION OF HARMONY
1000
ONE THOUSAND UNITS
NR558901000
PLAY MONEY
1000

NOVARA REPUBLIC
FOUNDATION OF HARMONY
PLAY MONEY
1000
ONE THOUSAND UNITS

NOVARA REPUBLIC
FOUNDATION OF HARMONY
1000
ONE THOUSAND UNITS
NR558901000
PLAY MONEY
1000

NOVARA REPUBLIC
FOUNDATION OF HARMONY
PLAY MONEY
1000
ONE THOUSAND UNITS

NOVARA REPUBLIC
FOUNDATION OF HARMONY
500
NR500158901
PLAY MONEY
FIVE HUNDRED UNITS
THIS NOTE IS FOR PLAY PURPOSES ONLY

NOVARA REPUBLIC
PLAY MONEY
500
FIVE HUNDRED UNITS

NOVARA REPUBLIC
FOUNDATION OF HARMONY
500
NR500158901
PLAY MONEY
500
FIVE HUNDRED UNITS
THIS NOTE IS FOR PLAY PURPOSES ONLY

NOVARA REPUBLIC
PLAY MONEY
500
FIVE HUNDRED UNITS

NOVARA REPUBLIC
100
NR12458901
PLAY MONEY
ONE HUNDRED UNITS
THIS NOTE IS FOR PLAY PURPOSES ONLY

NOVARA REPUBLIC
PLAY MONEY
100
ONE HUNDRED UNITS

NOVARA REPUBLIC
FOUNDATION OF HARMONY
100
NR12458901
PLAY MONEY
100
ONE HUNDRED UNITS
THIS NOTE IS FOR PLAY PURPOSES ONLY
DIRECTOR OF ISSUANCE
MINISTER OF FINANCE

NOVARA REPUBLIC
FOUINDATION OF HARMONY
ZR50789001
50
FIFTY UNITS
THIS NOTE IS FOR PLAY PURPOSES ONLY
NR50789001
PLAY MONEY
50

NOVARA REPUBLIC
FOUINDATION OF HARMONY
ZR50789001
50
FIFTY UNITS
THIS NOTE IS FOR PLAY PURPOSES ONLY
NR50789001
PLAY MONEY
50
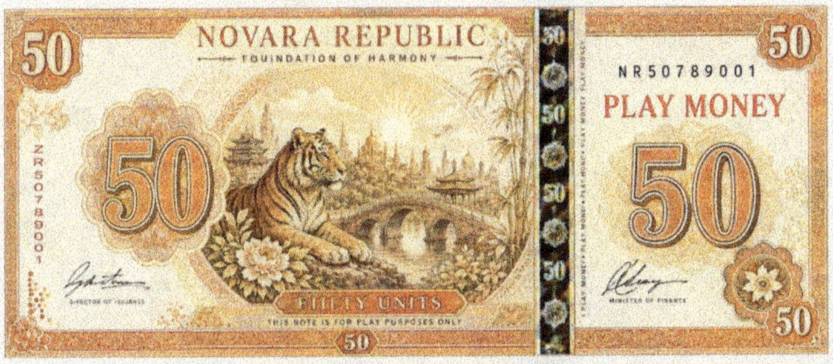
NOVARA REPUBLIC
FOUINDATION OF HARMONY
ZR50789001
50
FIFTY UNITS
THIS NOTE IS FOR PLAY PURPOSES ONLY
NR50789001
PLAY MONEY
50

NOVARA REPUBLIC
FOUINDATION OF HARMONY
ZR50789001
50
FIFTY UNITS
THIS NOTE IS FOR PLAY PURPOSES ONLY
NR50789001
PLAY MONEY
50

NOVARA REPUBLIC
FOUINDATION OF HARMONY
ZR50789001
50
FIFTY UNITS
THIS NOTE IS FOR PLAY PURPOSES ONLY
NR50789001
PLAY MONEY
50

NOVARA REPUBLIC
FOUINDATION OF HARMONY
ZR50789001
50
FIFTY UNITS
THIS NOTE IS FOR PLAY PURPOSES ONLY
NR50789001
PLAY MONEY
50
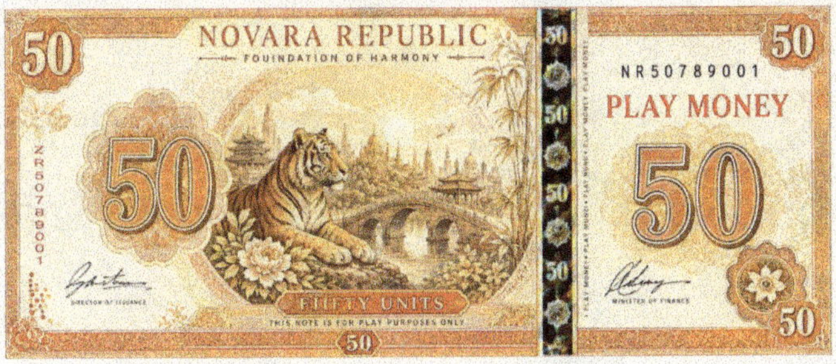
NOVARA REPUBLIC
FOUINDATION OF HARMONY
ZR50789001
50
FIFTY UNITS
THIS NOTE IS FOR PLAY PURPOSES ONLY
NR50789001
PLAY MONEY
50

NOVARA REPUBLIC
FOUINDATION OF HARMONY
ZR50789001
50
FIFTY UNITS
THIS NOTE IS FOR PLAY PURPOSES ONLY
NR50789001
PLAY MONEY
50

NOVARA REPUBLIC
FOUINDATION OF HARMONY
ZR50789001
50
FIFTY UNITS
THIS NOTE IS FOR PLAY PURPOSES ONLY
NR50789001
PLAY MONEY
50

NOVARA REPUBLIC
FOUINDATION OF HARMONY
ZR50789001
50
FIFTY UNITS
THIS NOTE IS FOR PLAY PURPOSES ONLY
NR50789001
PLAY MONEY
50

NOVARA REPUBLIC
FOUINDATION OF HARMONY
ZR50789001
50
FIFTY UNITS
THIS NOTE IS FOR PLAY PURPOSES ONLY
NR50789001
PLAY MONEY
50

NOVARA REPUBLIC
FOUINDATION OF HARMONY
ZR50789001
50
FIFTY UNITS
THIS NOTE IS FOR PLAY PURPOSES ONLY
NR50789001
PLAY MONEY
50

NOVARA REPUBLIC
FOUINDATION OF HARMONY
NR50789001
PLAY MONEY
50
FIFTY UNITS
THIS NOTE IS FOR PLAY PURPOSES ONLY

NOVARA REPUBLIC
FOUNDATION OF HARMONY
PLAY MONEY
NR5078900I
50
FIFTY UNITS
THIS NOTE IS FOR PLAY PURPOSES ONLY

20
NOVARA REPUBLIC
FOUNDATION OF HARMONY
NR200458901
PLAY MONEY
TWENTY UNITS
THIS NOTE IS FOR PLAY PURPOSES ONLY

NOVARA REPUBLIC
FOUNDATION OF HARMONY
20
TWENTY UNITS
THIS NOTE IS FOR PLAY PURPOSES ONLY
NR200458901
PLAY MONEY
20

NOVARA REPUBLIC
FOUNDATION OF HARMONY
20
TWENTY UNITS
THIS NOTE IS FOR PLAY PURPOSES ONLY
NR200458901
PLAY MONEY
20

NOVARA REPUBLIC
FOUNDATION OF HARMONY
NR23589012
PLAY MONEY
10
TEN UNITS
THIS NOTE IS FOR PLAY PURPOSES ONLY
DIRECTOR OF ISSUANCE
MINISTER OF FINANCE

NOVARA REPUBLIC
PLAY MONEY
10
TEN UNITS

NOVARA REPUBLIC
FOUINDATION OF HARMONY
10
NR23589012
PLAY MONEY
TEN UNITS

NOVARA REPUBLIC
FOUNDATION OF HARMONY
10
TEN UNITS
NR23589012
PLAY MONEY
10

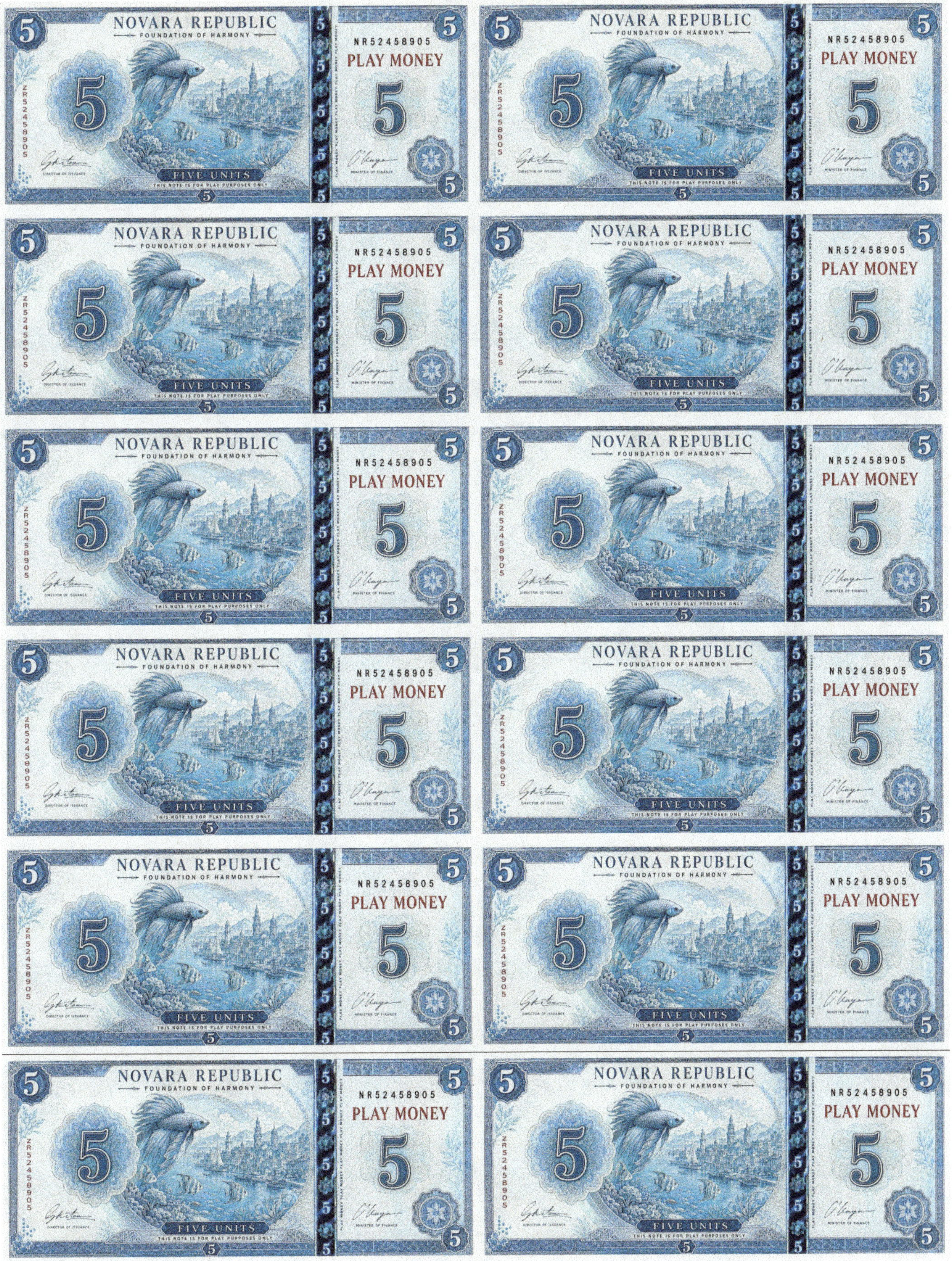
NOVARA REPUBLIC
FOUNDATION OF HARMONY
FIVE UNITS
THIS NOTE IS FOR PLAY PURPOSES ONLY
NR52458905
PLAY MONEY
5

NOVARA REPUBLIC
FOUNDATION OF HARMONY
PLAY MONEY
FIVE UNITS
THIS NOTE IS FOR PLAY PURPOSES ONLY

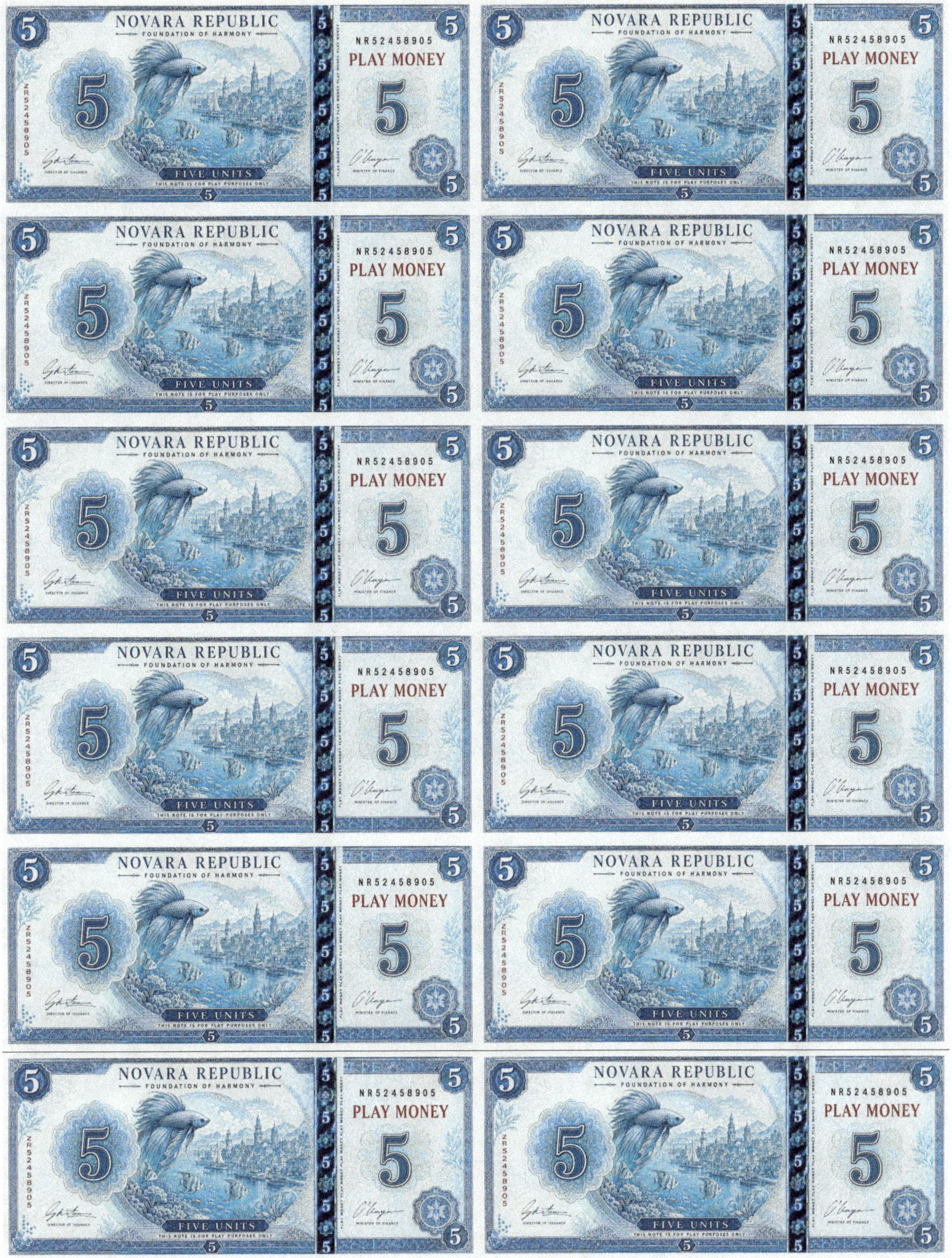
NOVARA REPUBLIC
FOUNDATION OF HARMONY
NR52458905
PLAY MONEY
5
ZR52458905
FIVE UNITS
THIS NOTE IS FOR PLAY PURPOSES ONLY

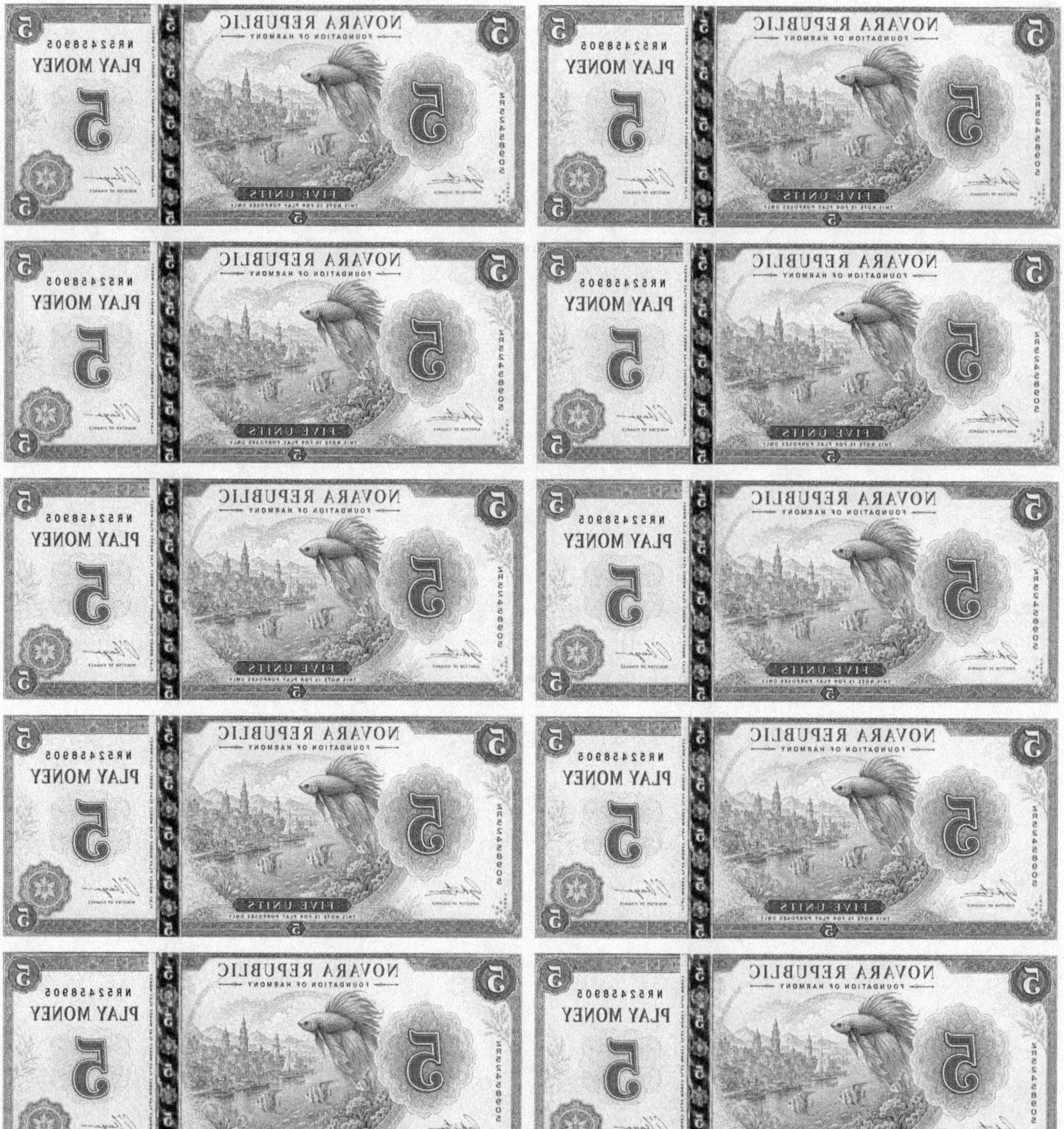
NOVARA REPUBLIC
FOUNDATION OF HARMONY
PLAY MONEY
FIVE UNITS
THIS NOTE IS FOR PLAY PURPOSES ONLY

NOVARA REPUBLIC
FOUNDATION OF HARMONY
5
FIVE UNITS
THIS NOTE IS FOR PLAY PURPOSES ONLY
ZR52458905
NR52458905
PLAY MONEY
5

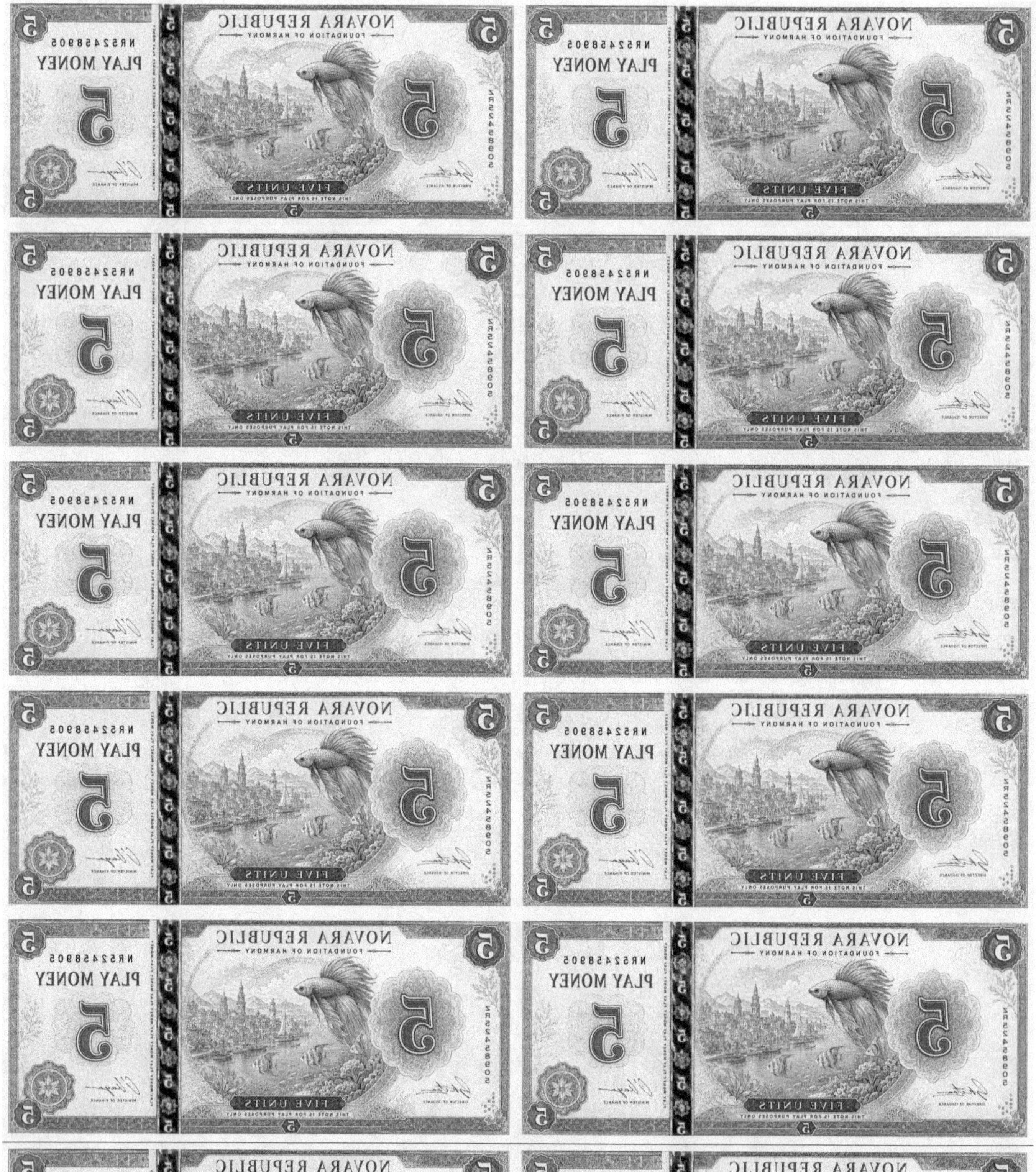
NOVARA REPUBLIC
FOUNDATION OF HARMONY
PLAY MONEY
FIVE UNITS
THIS NOTE IS FOR PLAY PURPOSES ONLY

NOVARA REPUBLIC
FOUNDATION OF HARMONY
ZR52458905
DIRECTOR OF ISSUANCE
FIVE UNITS
THIS NOTE IS FOR PLAY PURPOSES ONLY
NR52458905
PLAY MONEY
5
MINISTER OF FINANCE

NOVARA REPUBLIC
FOUNDATION OF HARMONY
PLAY MONEY
FIVE UNITS

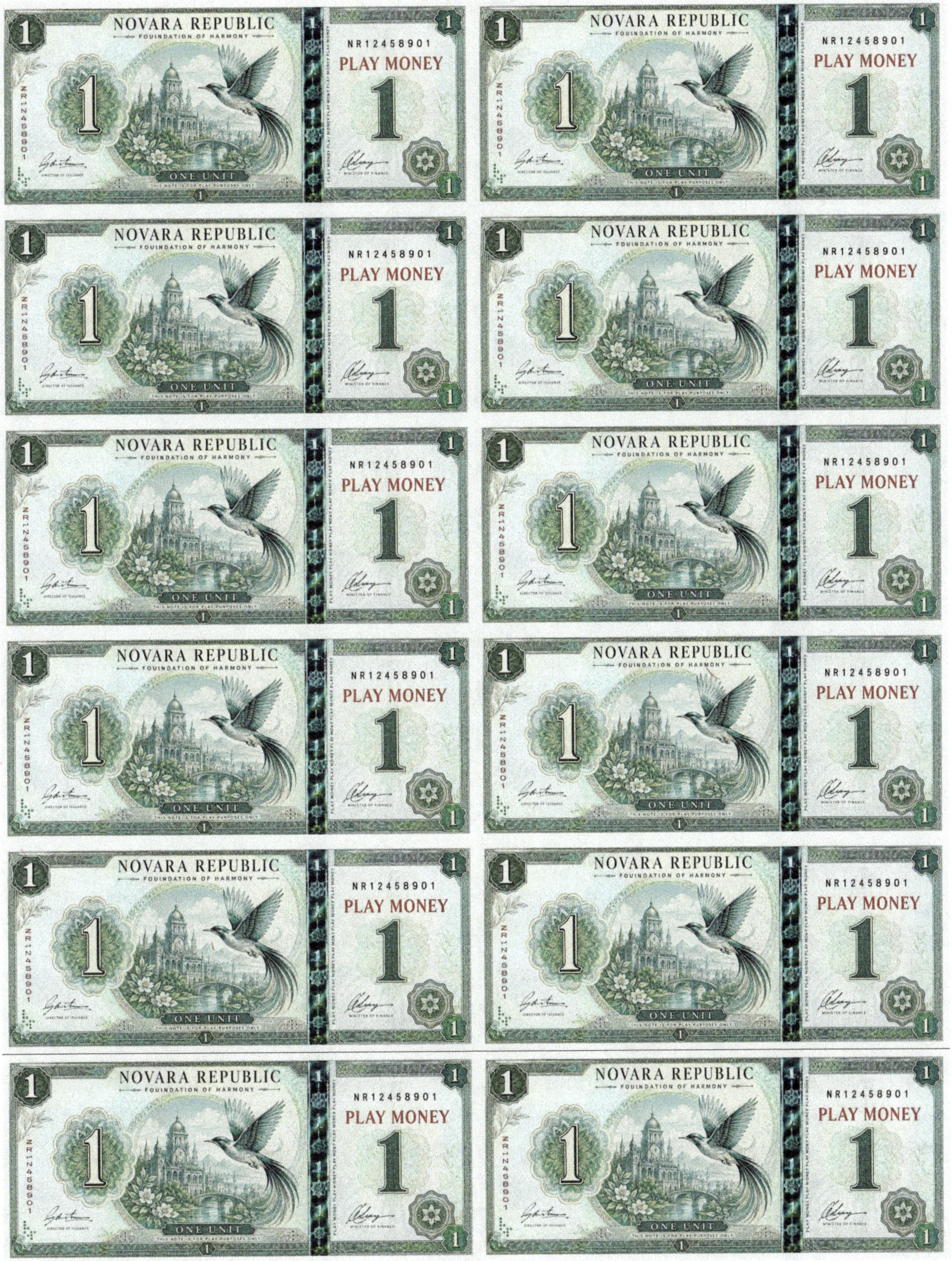
NOVARA REPUBLIC
FOUNDATION OF HARMONY
NR12458901
PLAY MONEY
1
ONE UNIT
THIS NOTE IS FOR PLAY PURPOSES ONLY

NOVARA REPUBLIC
PLAY MONEY
ONE UNIT

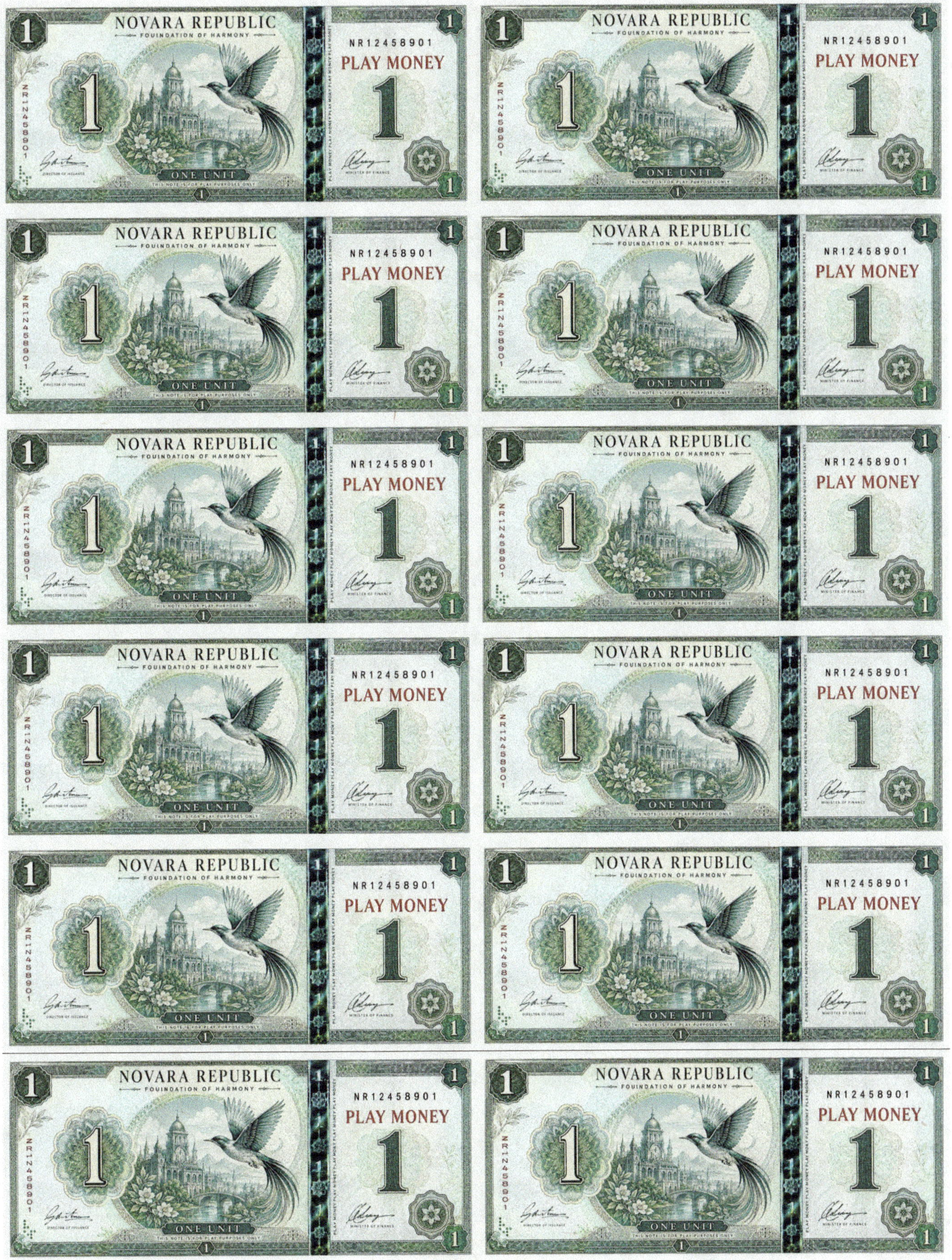
NOVARA REPUBLIC
1
NR12458901
PLAY MONEY
1
ONE UNIT

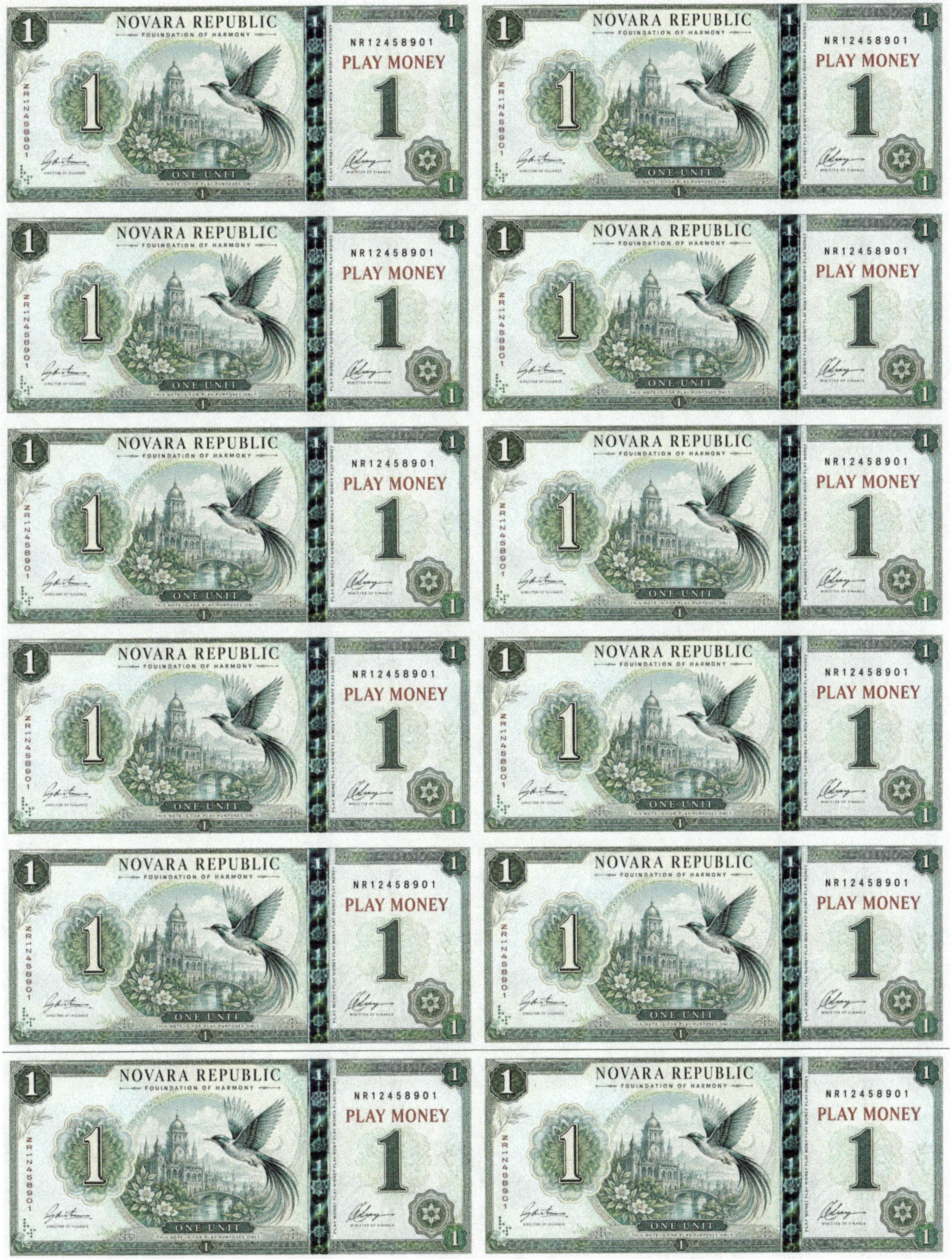
NOVARA REPUBLIC
FOUNDATION OF HARMONY
ONE UNIT
NR12458901
PLAY MONEY
1

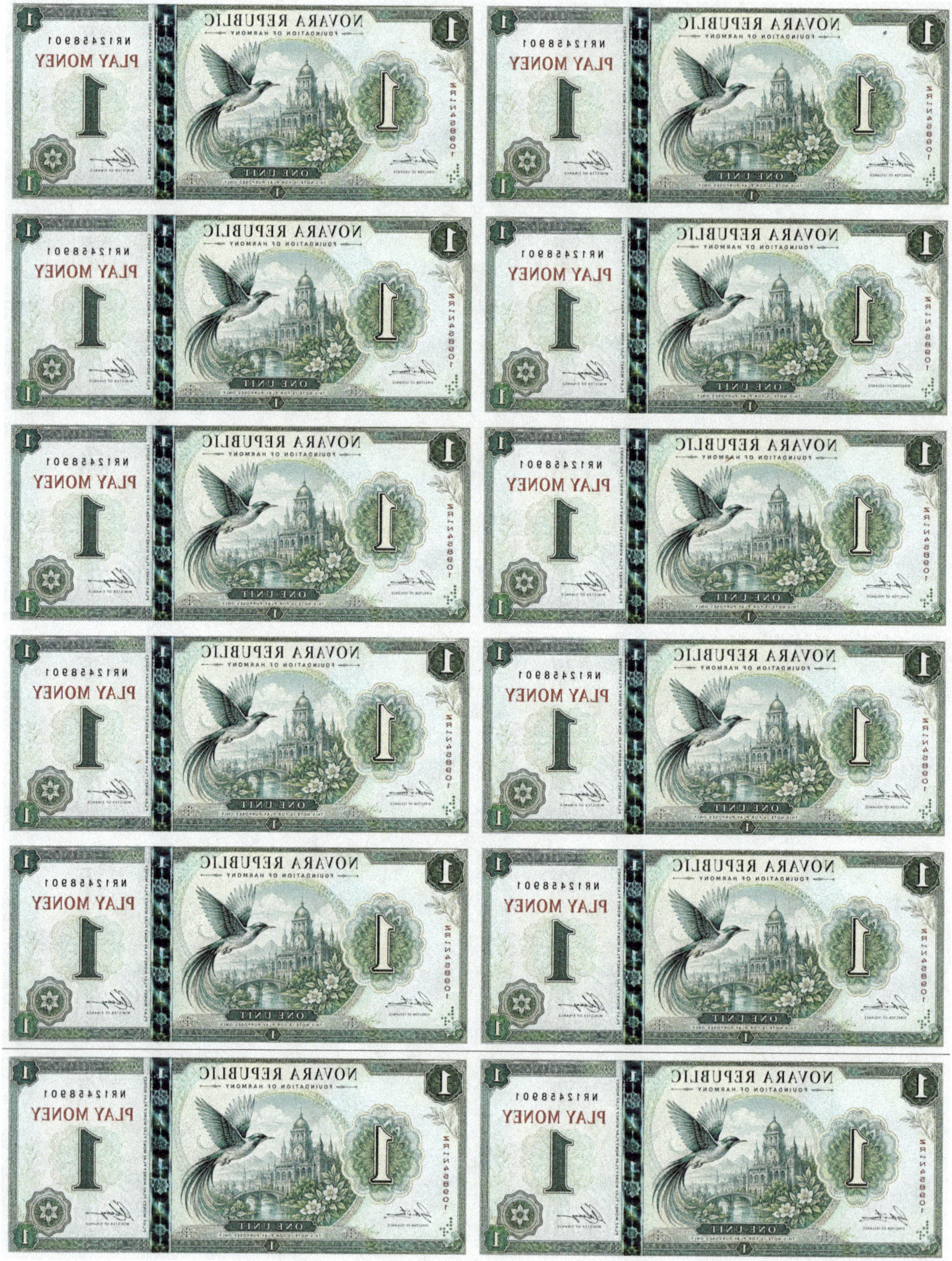
NOVARA REPUBLIC
PLAY MONEY
ONE UNIT
1

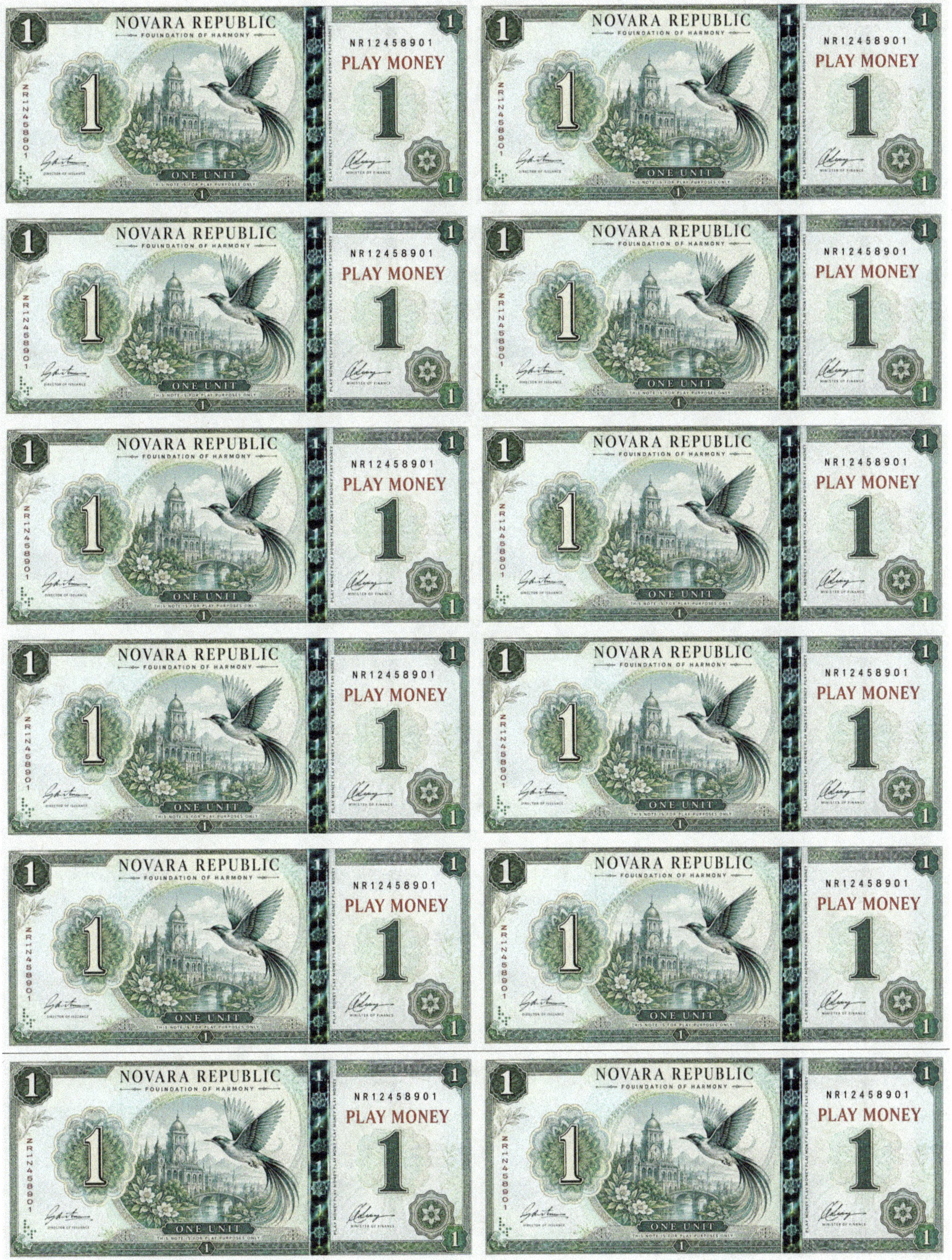
NOVARA REPUBLIC
FOUINDATION OF HARMONY
NR12458901
PLAY MONEY
ONE UNIT
THIS NOTE IS FOR PLAY PURPOSES ONLY

NOVARA REPUBLIC
PLAY MONEY
ONE UNIT

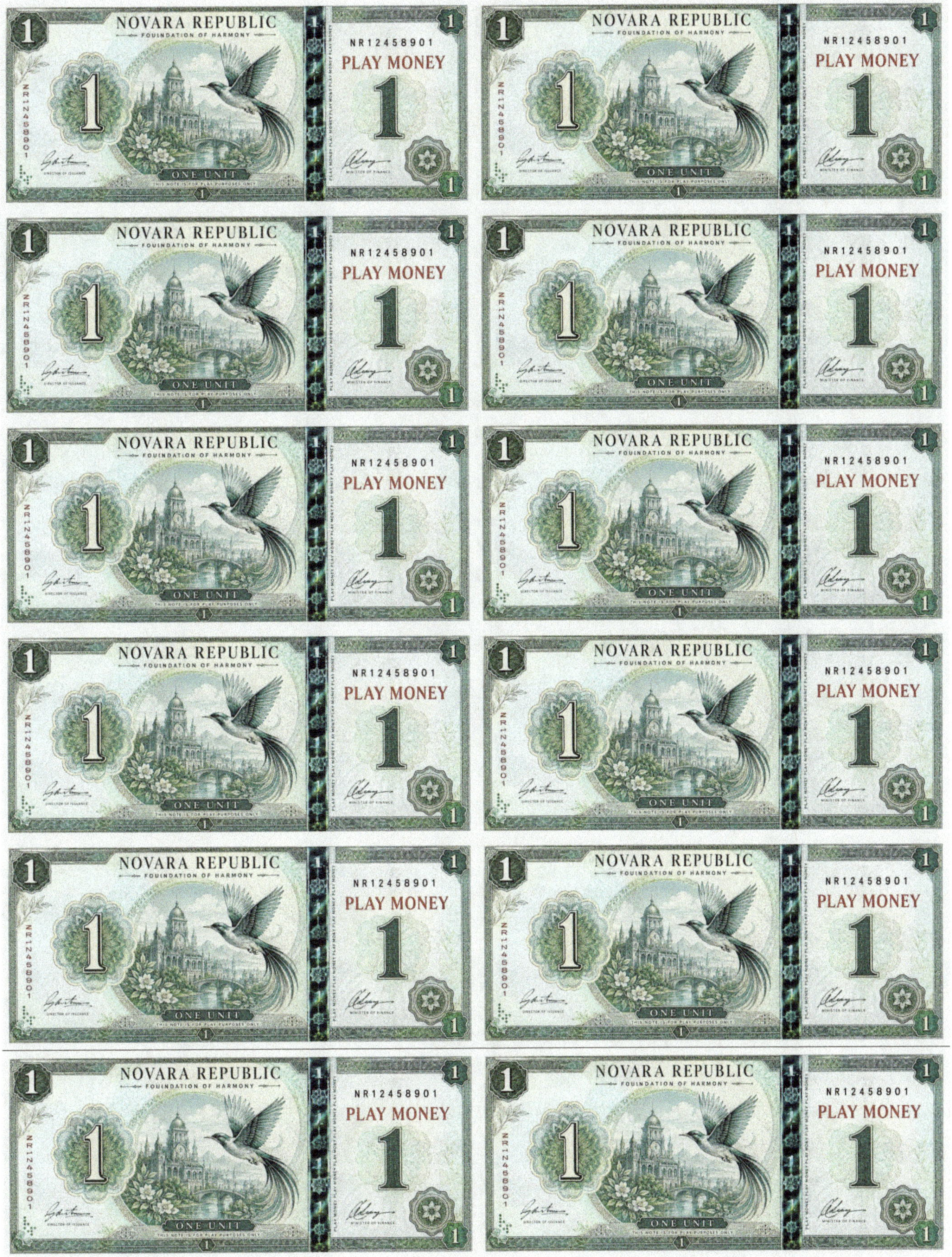
NOVARA REPUBLIC
FOUINDATION OF HARMONY
NR12458901
PLAY MONEY
ONE UNIT
THIS NOTE IS FOR PLAY PURPOSES ONLY

NOVARA REPUBLIC
FOUNDATION OF HARMONY
PLAY MONEY
NR12458901
ONE UNIT
1

NOVARA REPUBLIC
NR12458901
PLAY MONEY
1
ONE UNIT

NOVARA REPUBLIC
NR12458901
PLAY MONEY
1
ONE UNIT

NOVARA REPUBLIC
NR12458901
PLAY MONEY
1
ONE UNIT

NOVARA REPUBLIC
NR12458901
PLAY MONEY
1
ONE UNIT

NOVARA REPUBLIC
NR12458901
PLAY MONEY
1
ONE UNIT

NOVARA REPUBLIC
NR12458901
PLAY MONEY
1
ONE UNIT

NOVARA REPUBLIC
NR12458901
PLAY MONEY
1
ONE UNIT

NOVARA REPUBLIC
NR12458901
PLAY MONEY
1
ONE UNIT

NOVARA REPUBLIC
NR12458901
PLAY MONEY
1
ONE UNIT

NOVARA REPUBLIC
NR12458901
PLAY MONEY
1
ONE UNIT

NOVARA REPUBLIC
NR12458901
PLAY MONEY
1
ONE UNIT

NOVARA REPUBLIC
NR12458901
PLAY MONEY
1
ONE UNIT

www.ingramcontent.com/pod-product-compliance
Lightning Source LLC
LaVergne TN
LVHW060455061126
851857LV00016B/1840
* 9 7 8 1 6 3 2 7 0 8 6 7 0 *